BEI GRIN MACHT SICH IHR WISSEN BEZAHLT

- Wir veröffentlichen Ihre Hausarbeit,
  Bachelor- und Masterarbeit

- Ihr eigenes eBook und Buch -
  weltweit in allen wichtigen Shops

- Verdienen Sie an jedem Verkauf

Jetzt bei www.GRIN.com hochladen und kostenlos publizieren

Bibliografische Information der Deutschen Nationalbibliothek:

Die Deutsche Bibliothek verzeichnet diese Publikation in der Deutschen National-
bibliografie; detaillierte bibliografische Daten sind im Internet über http://dnb.d-
nb.de/ abrufbar.

Impressum:

Copyright © 2016 GRIN Verlag
Druck und Bindung: Books on Demand GmbH, Norderstedt Germany
ISBN: 9783668695559

Dieses Buch bei GRIN:

https://www.grin.com/document/418190

Anonym

WLAN. Logische Integration in die IT-Infrastruktur und Abläufe der WLAN-Kommunikation

GRIN Verlag

GRIN - Your knowledge has value

Der GRIN Verlag publiziert seit 1998 wissenschaftliche Arbeiten von Studenten, Hochschullehrern und anderen Akademikern als eBook und gedrucktes Buch. Die Verlagswebsite www.grin.com ist die ideale Plattform zur Veröffentlichung von Hausarbeiten, Abschlussarbeiten, wissenschaftlichen Aufsätzen, Dissertationen und Fachbüchern.

Besuchen Sie uns im Internet:

http://www.grin.com/

http://www.facebook.com/grincom

http://www.twitter.com/grin_com

FOM Hochschule für Ökonomie

und Management Essen

Standort Aachen

Berufsbegleitender Studiengang Wirtschaftsinformatik

4. Semester

Wissenschaftliche Hausarbeit im Rahmen der Veranstaltung

„IT-Infrastruktur" über das Thema:

WLAN – Logische Integration in die IT-Infrastruktur und Abläufe der WLAN-Kommunikation

Abgabedatum: 30.08.2016

Inhaltsverzeichnis

Abkürzungsverzeichnis

AP	Access Point
DNS	Domain Name System
IAPP	Inter Access Point Protocol
IEEE	Institute of Electrical and Electronical Engineers
IP	Internet Protocol
LAN	Local Area Network
PSK	Preshared Key
SSID	Service Set Identifier
VLAN	Virtal Local Area Network
WEP	Wired Equivalent Privacy
WLAN	Wireless Area Network
WLC	WLAN Controller
WPA	Wifi Protected Access

Abbildungsverzeichnis

1. Einleitung

„WLAN ist wie Voodoo". Dies ist eine Aussage, die oft von Technikern zu hören, ist, die regelmäßig mit WLAN-Szenarien (Wireless Local Area Network) in Kundenprojekten zu tun haben. Der Hintergrund ist, dass die Technik heute so weit fortgeschritten ist, dass sie sehr einfach zu benutzen ist und eine weitergehende Auseinandersetzung damit von Seiten des Anwenders, aber auch des Technikers, nicht notwendig ist. Die WLAN-Geräte werden aufgestellt, grob konfiguriert und verrichten danach in den meisten Fällen ihren Job. Wenn Störungen auftreten oder die Performance gering ist, wird zwar noch akzeptiert, dass das Medium aufgrund zu vieler Clients oder Störquellen überlastet ist, aber warum dies beim WLAN so schnell passieren kann, bleibt dem Anwender / Techniker verborgen. Auch an der Implementierung von WLAN-Umgebungen, die über eine einzelnes ausgestrahltes WLAN hinausgehen, stellen sich für Techniker oft als zuvor nicht eingeplante Schwierigkeit heraus. Mangels Erfahrung werden Feinheiten in IP basierten Netzwerkstrukturen nicht verstanden, was zu einem erheblich höheren Zeitaufwand bei der Integration einer WLAN-Infrastruktur in ein schon bestehendes Unternehmensnetzwerk führt oder zu Kompromissen verleitet die nicht notwendig sind. Dieses Grundverständnis, „was da eigentlich passiert", sowohl bei der WLAN Kommunikation selber, aber auch bei der Integration einer WLAN Struktur in ein Unternehmensnetzwerk, ist Gegenstand dieser Seminararbeit.

Hierfür werden zu Beginn viel genutzte Begriffe aufgegriffen und kurz erläutert. Daraufhin werden drei Varianten vorgestellt, wie WLAN Access Points in ein Unternehmen integriert werden können. Nach einer Erklärung wie die WLAN-Kommunikation im Allgemeinen funktioniert, wird auf einzelne technische Aspekte der WLAN-Einwahl eingegangen inklusive einer kurzen Erläuterung der möglichen Absicherungsmethoden eines WLANs.

Der Schwerpunkt dieser Seminararbeit liegt zum einen in der Darstellung verschiedener WLAN-Integrationsmöglichkeiten für Unternehmen und zum anderen in der Erläuterung einzelner Abläufe bei der WLAN-Kommunikation.

2. Komponenten und deren Funktion im Bereich WLAN

Im Laufe dieser Seminararbeit werden bestimmte Begriffe regelmäßig auftreten. Diese werden innerhalb dieses Kapitels erläutert.

2.1. Service Set Identifier

Der Service Set Identifier auch SSID genannt, ist der bis zu 32 Byte lange „WLAN-Name". Dieser erscheint, wenn ein WLAN-Client nach WLANs sucht. In Szenarien mit vielen Access Points kann die gleiche SSID von mehreren Geräten ausgestrahlt werden. Zusätzlich ist es möglich, anhand des SSID Namens eine Segmentierung vorzunehmen, also Clients den Zugriff auf unterschiedliche IP-Netzwerke zu geben (vgl. Rech, 2012, p. 52).

2.2. Preshared Key

Eine Methode das WLAN abzusichern ist die Verwendung eines Preshared Keys (PSK) Dieser wird bei der Einwahl in das WLAN eingeben. Da diese Methode bei der Umsetzung besonders einfach ist, wird diese bei vielen Heimroutern mit WLAN Funktion verwendet. Wie der Begriff Preshared schon aussagt, muss der Key dem Benutzer vor der Anmeldung mitgeteilt worden sein (vgl. Rech, 2012, p. 512).

2.3. WLAN Client

Im Laufe der Seminararbeit wird oft von Clients beziehungsweise WLAN-Clients gesprochen. Diese sind die Stationen, welche sich bei einem Access Point im WLAN einwählen. Hiermit sind Computer, Smartphones und andere WLAN fähige Geräte gemeint.

2.4. Internet-Gateway / Router

Als Internet-Gateway wird ein Hop im Netzwerk bezeichnet, über den ein Client in einem IP basierten Netzwerk auf das Internet zugreifen kann. Die Rede ist in der Regel von einem Router, der unterschiedliche Netze miteinander verbindet. Mit dieser Routing-Funktion sind manche Access Points ebenfalls ausgestattet. Das Internet-Gateway kann zusätzlich eine Firewall enthalten, welche anhand von Firewall-Regeln den Zugriff auf die Netze steuert (vgl. Rech, 2012, pp. 66-67).

Die IP-Adresse des Gateway-Routers kann auf Windowsgeräten beispielsweise durch die Eingabe ipconfig /all herausgefunden werden. Alle Anfragen für das Internet werden an die IP des Standardgateways gesendet.

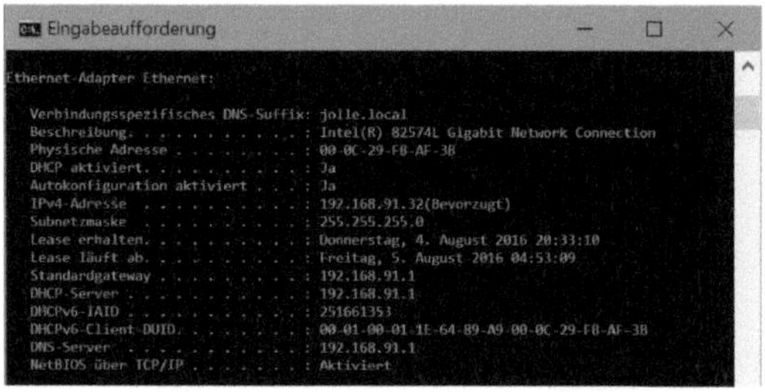

Abbildung 1- Ausgabe ipconfig /all auf einem Windows 10 Gerät

2.5. Access Point

Access Points haben den Hauptzweck, ein WLAN auszustrahlen. Sie dienen quasi als Medienwandler zwischen Wireless-LAN und dem Ethernet, was auch bridgen genannt wird. Je nach Aufbau und verwendeten Access Point, ist es möglich, den Clients den Access Point als Internet-Gateway zuzuweisen. Hierfür ist es mitunter notwendig, dass der Access Point die Routing-Funktion implementiert hat. Dabei wird das WLAN-Netzwerk in eine andere Broadcast-Domäne verschoben, damit die dort befindlichen Clients keinen weiteren oder nur begrenzten Kontakt mit dem eigentlichen Firmennetz haben (vgl. Rech, 2012, pp. 395-405).

Ein Beispiel hierzu ist die erste Variante des Kapitels WLAN – Logische Einbindung in die IT-Infrastruktur.

Abbildung 2 - WLAN Access Point der Firma LANCOM Systems

2.6. WLAN Controller

Ein WLAN-Controller (WLC) hat die Hauptaufgabe Access Points zentral zu verwalten. Das Ziel des WLCs ist die Vereinfachung des Verwaltungsaufwands, indem alle Access Points zentral verwaltet und konfiguriert werden können (vgl. Rech, 2012, pp. 406-407).

Herstellerabhängig gibt es auch Router, welche neben Ihrer Funktion als Gateway-Router, für unter anderem den Internetzugriff, auch eine WLAN-Controller Funktion implementiert haben. Dies lässt sich beispielsweise bei bestimmten Router-Modellen des Hersteller LANCOM Systems nachrüsten (vgl. LANCOM Systems GmbH, 2016).

2.7. IEEE

In Kapitel 5.6 WLAN-Verschlüsselung - Die Entstehung von WPA wird das „Institute of Electrical and Electronical Engineers" genannt. Hierbei handelt es sich um ein Konsortium bestehend aus Ingenieuren, welche aus Firmen aus der Netzwerkbranche stammen. Aus diesem entstanden ist der Begriff 802., welcher bei vielen Standard-Bezeichnungen im Netzwerkbereich oft anzutreffen ist. Der Name rührt aus dem Gründungsdatum des Netzwerkprojekts des IEEE, welches im Februar 1980 gegründet wurde (vgl. Rech, 2012, pp. 4-5).

3. Logische Integrationsmöglichkeiten in die IT-Infrastruktur

Es sind mehrere Szenarien denkbar, wie sich eine WLAN-Struktur aufbauen lässt. Dabei wird im Rahmen dieser Seminararbeit auf drei unterschiedliche Aufbaumöglichkeiten eingegangen sowie deren Vor- und Nachteile erläutert.

Gerade für große Szenarien macht es wenig Sinn die Konfiguration jedes einzelnen Access Points manuell vorzunehmen. Dies bedeutet für den Administrator einen erheblichen Aufwand bei der späteren Betreuung des Szenarios, insbesondere bei steigenden Anforderungen, wie beispielsweise das dazu schalten einer weiteren SSID. Je nach Aufbau des Szenarios muss nicht nur die Konfiguration der Access Points, sondern auch die Konfiguration des nächsten Gateways angepasst werden, beispielweise durch das eintragen von Rückrouten.

Schnell kommt der Punkt, an dem die Verwendung eines zentralen WLAN-Controllers notwendig ist. Dieser verwaltet alle Access Points und der Administrator braucht nur noch sogenannte Profile zu erstellen, die die gewünschte WLAN-Konfiguration wie eine SSID beinhalten und automatisch auf alle Geräte ausgerollt werden.

Der WLAN-Controller gibt dem Access Point nicht nur die auszustrahlenden SSIDs vor, sondern auch, welche physikalischen Gegebenheiten beachtet werden sollen, wie die Nutzung des Frequenzbandes und des Kanals.

Für große als auch kleinere Installationen spielt VLAN eine wichtige Rolle. In vielen Bereichen ist es notwendig, Netze voneinander zu trennen. Welche Vorteile ein mit VLAN konfiguriertes Szenario genau bietet, wird im Folgenden dargestellt.

Ein klassisches Beispiel ist die Netztrennung bei Szenarien mit einem Firmennetzwerk und einem Gastnetzwerk. Das Gastnetzwerk soll ins Internet, aber nicht auf das eigentliche Intranet zugreifen und damit die Gesamtstruktur nicht gefährden.

Im simpelsten Fall befindet sich das Gastnetzwerk auf separater Hardware und kommt getrennt am Gateway-Router an, auf dem die Zugriffsrechte in Form von Firewall-Regeln konfiguriert wurden. Sehr oft lässt sich dies aber aufgrund von Aufwand- und Kostengründen nicht auf unterschiedlicher Hardware realisieren, weshalb dann auf VLAN zurückgegriffen wird.

Variante 1 – Ohne WLAN-Controller – ohne VLAN

Es wird davon ausgegangen, dass mehrere Access Points vorhanden sind. Diese werden über einen Switch an die Infrastruktur angebunden, an der sich auch ein Gateway-Router befindet. Damit befinden sich alle Geräte in der gleichen Broadcast Domäne. Von einem 192.168.91.0 /24 Netzwerk ausgehend, bedeutet das, dass wir allen Geräten eine IP-Adresse aus diesem Bereich geben.

Router: 192.168.91.1

AP: 192.168.91.220, 221, 222, ...

Die Access Points haben jetzt für das Intranet (Firmennetzwerk) die Aufgabe, eine SSID bereitzustellen, deren verbundene Clients sich im Intranet befinden. Somit kann das Gerät als Medienwandler zwischen Ethernet und WLAN betrachtet werden. Dies wird auch „bridgen" genannt.

Das Gastnetzwerk wiederrum darf sich nicht im Intranet befinden. Würde der Access Point auch hier bridgen, würden sich die Clients der Gäste ebenfalls im Intranet befinden. Dies hätte zur Folge, dass Zugriff auf Netzwerkressourcen wie Server, Firmen-PCs und anderen Geräte bestehen würde. Diese sind zwar zumeist abgesichert, aber das erste Hindernis wäre genommen.

Schaden kann dabei nicht nur durch das knacken von Server-Passwörtern oder aufzeichnen des Netzwerktraffics entstehen. Es reicht schon aus, dass ein Fremder-Client IP-Adressen verteilt (DHCP) oder sich die IP des Gateway-Routers gibt, um das gesamte Netzwerk zu stören

Also muss sich der Client in einem getrennten Netzwerk befinden. Im ersten Beispiel wird dabei nicht auf VLAN zurückgegriffen.

Der Access Point muss entsprechend für seine Gast SSID einen eigenen Adressbereich verwenden und für diesen auch die IP-Adressen verteilen. In unserem Beispiel hat das Gast-WLAN den Adressbereich 192.168.100.0/24 und der Access Point ist mit der .100.254 das Gateway für das Netz.

Jegliche Anfragen stellen die Clients dem Access Point, der eine „Default-Route" benötigt, welche aussagt, wohin Pakete für unbekannte Netze, wie beispielsweise öffentliche IPs, geroutet werden sollen. Damit schickt der Access Point alle Anfragen der Clients an den Gateway-Router, der diese ins Internet weiterleiten soll.

Da diese Anfragen nicht maskiert (NAT) werden, erhält der Gateway-Router nun Anfragen aus einem ihm nicht anliegenden und zu Anfangs unbekannten Netz. Damit die Antwortpakete aber an den richtigen Client zurückgeschickt werden können, muss der Gateway-Router eine Route zum Gastnetzwerk erhalten. Diese Rückroute, für das in unserem Beispiel 192.168.100.0/24 Netz, muss eingetragen werden und als nächsten Hop für das Netzwerk die IP des Access Points im Intranet angegeben werden.

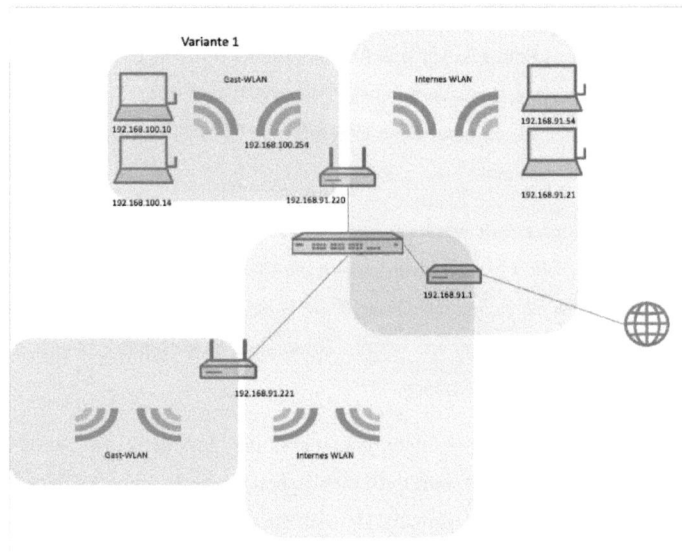

Abbildung 3 - Variante 1, mit Einzeichnung der Broadcast-Domänen

Weiterhin muss dem Access Point gesagt werden, dass alle Anfragen des Gastnetzes zwar zum Gateway dürfen, aber nicht in das Intranet. Es wird weiterhin davon ausgegangen das auf dem Access Point eine DNS-Weiterleitung zum Gateway eingetragen ist und die Gast-Clients per DHCP die IP des Access Points als Gateway-IP im Gastnetzwerk erhalten.

Bis hierhin ist die Rede von der Anbindungen eines einzelnen Access Points, der neben der Intranet SSID eine Gast SSID ausstrahlen soll. Die bisherige Konfiguration, muss nun für jeden weiteren Access Point erneut wiederholt werden. Pro Access Point wird entsprechend ein eigenes Gastnetz mit individuellem Adressbereich und Rückroute auf dem Gateway benötigt. Würde der gleiche Adressbereich verwendet werden, gäbe es Probleme mit der Rückroute. Denn es kann nur eine Adresse für einen Adressbereich hinterlegt werden.

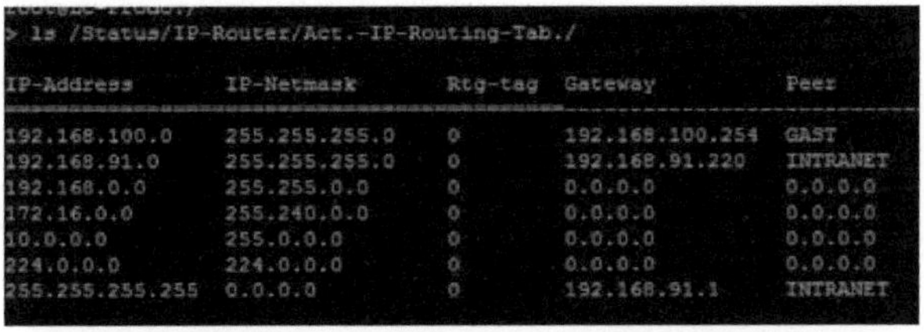

Abbildung 4 - Routing-Tabelle des Access Points

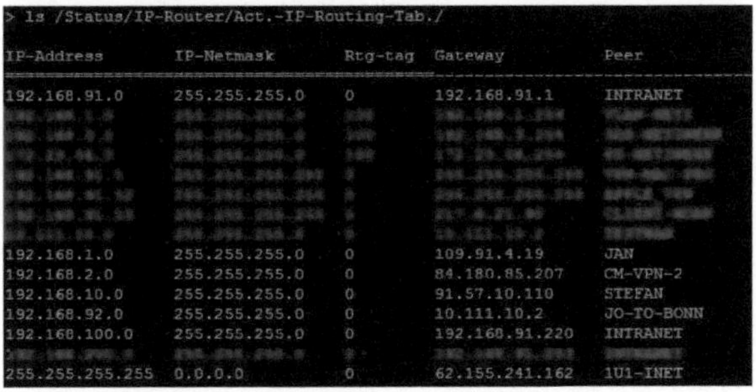

Abbildung 5 - Routing-Tabelle des Internet-Gateway-Routers

Variante 2 - Ohne Controller – Mit VLAN

Um den Aufwand zu verringern empfiehlt es sich, VLANs (802.1q) zu verwenden. Hierbei werden Pakete vom Access Point zum Gateway-Router mit sogenannten Tags versehen. Anhand dieser Tags ist es möglich, die Netze, welche über das gleiche physikalische Medium gehen, voneinander zu trennen.

Beispielsweise befindet sich das Intranet im VLAN 10 und das Gast-Netzwerk im VLAN 20. Die Clients selber sind nicht VLAN fähig und bekommen hiervon nichts mit. Alle

Pakete, die der Access Point von den Clients empfängt, werden abhängig von der konfigurierten „Port-VLAN-ID" der SSID-Schnittstelle einem VLAN zugeordnet. Mit diesem Tag versehen, werden die Pakete ins Ethernet weitergeschickt.

Im besten Fall sind die Switche ebenfalls VLAN fähig und auf diesen ist konfiguriert, auf welchen Ports welche VLANs ankommen dürfen. Nicht VLAN-fähige Switche ignorieren aber zumeist das VLAN Tag, weshalb diese auch kein Problem darstellen. Entsprechend landen die Pakete beim Gateway-Router, der anhand des VLAN Tags erkennt, welchem Netz die Pakete zuzuordnen sind.

Anhand der Firewall-Einstellungen entscheidet der Router, ob zwischen den Netzen geroutet werden darf, oder ob die Pakete ins Internet weitergeleitet werden.

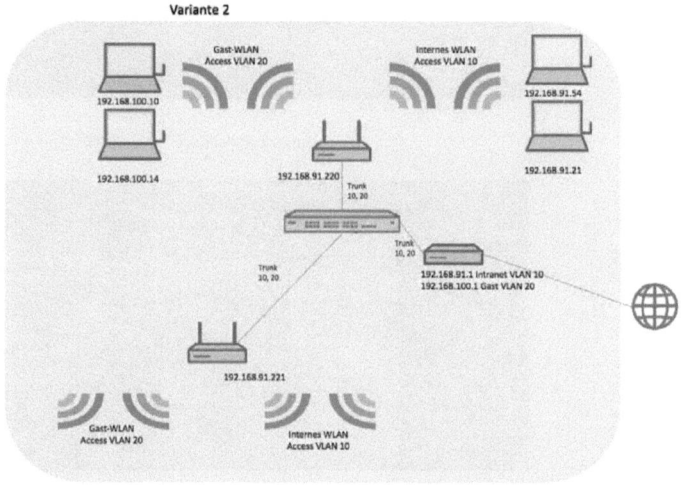

Abbildung 6 - Variante 2, Variante 1 mit VLAN umgebaut

Die VLAN und WLAN Konfiguration muss nun auf jedem Access Point nur einmalig durchgeführt werden. Der Gateway-Router selber bekommt von neu hinzugekommenen Access Points nichts mehr mit. Rückrouten werden entsprechend keine mehr benötigt. Das vereinfacht die Verwaltung, Konfiguration und Erweiterung sehr.

Aber auch hier muss jeder Access Point noch manuell konfiguriert werden. Dies bedeutet, dass bei dem Hinzufügen einer weiteren SSID, je nach Anforderung, jeder Access Point angefasst werden muss. Je mehr Access Points vorhanden sind, desto höher ist der Verwaltungsaufwand.

Variante 3 - Mit Controller und bei Bedarf VLAN

Der nächste Schritt ist die Verwendung eines sogenannten WLAN-Controllers. Dieser ermöglicht es dem Administrator nun einmalig auf dem WLAN-Controller, der auch als Gateway-Router dienen kann, Profile anzulegen, die die Konfiguration der Access Points beinhaltet. Dies beinhaltet neben den logischen SSID Einstellungen auch die physikalischen Einstellungen, beispielsweise welche Frequenzbänder genutzt werden sollen. Durch die zentrale Verwaltung ist es möglich, den WLAN-Controller entscheiden zu lassen, welche Kanäle bei welchem Access Point genutzt werden sollen. Dies ist mit einer Funkfeldoptimierung kombinierbar, welche zentrale vom WLAN-Controller aus angestoßen wird. Dieser notiert dann in seiner Liste, bei jedem Access Point, welches Frequenzband dieser optimalerweise nutzen sollte.

Jeder SSID kann bei Bedarf ein VLAN-Tag mitgegeben werden, wodurch eine logische Netztrennung gewährleistet ist. Viele Hersteller bieten auch die Funktion sogenannter CAPWAP-Tunnel / WLC-Tunnel, bei deren Verwendung der gesamte Traffic einer SSID zum WLAN-Controller durchgetunnelt wird. Die SSID verhält sich dann wie ein anliegender Netzwerk-Port am WLAN-Controller.

Auch kann einem Access Point mitgeteilt werden, dass er sich in einem Management-VLAN befinden soll. Dies ist in der Abbildung 7 visualisiert.

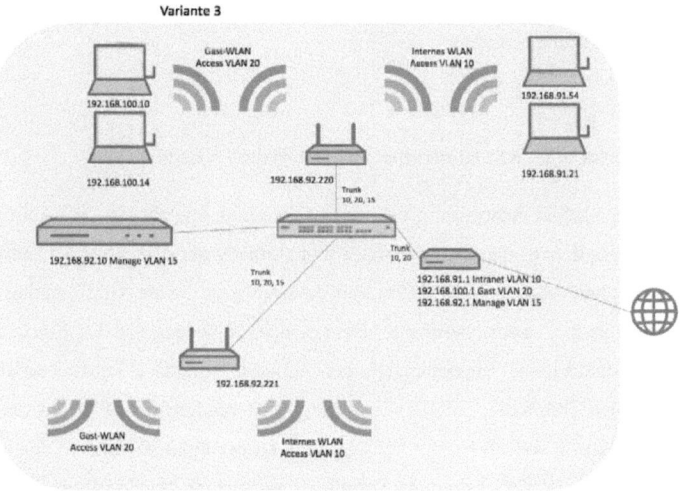

Abbildung 7 - Variante 3, Variante 2 mit WLAN-Controller

Wird ein unkonfigurierter Access Point in das Netzwerk gesetzt, ist die einzige Voraussetzung, dass dieser den WLC erreichen kann. Im einfachsten Fall sitzen Access Point und WLC in der gleichen Broadcast-Domäne und können sich innerhalb dieser finden. Alternativ kann der DNS-Server so konfiguriert werden, dass der Access Point bei der Anfrage eines bestimmten DNS-Namens die IP des WLAN-Controllers erhält und diesen dann über das nächste Gateway ansprechen kann. Für den Fall, dass auch dies nicht möglich oder gewünscht ist, ist die manuelle Angabe einer IP beim Access Point ebenfalls möglich.

Die letzten Beispiele werden gerade dann oft genutzt, wenn Access Points verwaltet werden sollen, die sich in externen Netzen beziehungsweise an anderen Standorten befinden. Diese sind zum Teil über eine VPN-Strecke (Virtual Private Network) erreichbar.

Meldet sich der AP am WLC erhält dieser ein Zertifikat ausgestellt, mit dem er sich zukünftig melden wird. Dann wird im WLC intern dem Access Point ein Default-Profil zugewiesen. Anhand des Zertifikats ist gewährleistet, dass es sich bei Anfragen des Access Points wirklich um diesen handelt.

4. Funktionsweise eines WLAN-Hotspots

In vielen Fällen ist es denkbar oder auch gewünscht, dass Gäste sich über eine Hotspot Oberfläche anmelden, bevor der Zugriff auf das Internet gewährt wird. Damit die Hotspot-Oberfläche erscheint, reicht es nach dem einbuchen in ein WLAN eine Webseite über den Webbrowser aufzurufen. Anstatt der gewünschten Webseite wird dem Benutzer die Hotspotoberfläche angezeigt, auf der er sich anmelden kann. Nach der erfolgreichen Anmeldung, wird der Zugriff auf das Internet freigegeben (vgl. LANCOM Systems GmbH, 2016, pp. 1063-1064).

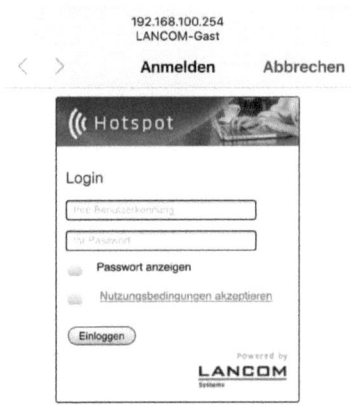

Abbildung 8 - Hotspotoberfläche, LANCOM Public Spot

Anwendungsszenarien sind beispielsweise Cafes, Flughäfen, Stadien und Campingplätze, an denen eine Firma seinen Kunden WLAN zur Verfügung stellen möchte. Ein Vorteil eines Szenarios mit einem Hotspot ist die Nachvollziehbarkeit, wann sich welcher Benutzer angemeldet hat, für den Fall das ein Rechtsfall auftritt. Zusätzlich es ist auch möglich die WLAN-Dienstleistung kostenpflichtig bereitzustellen, indem die Kunden für die Zugangsdaten des Hotspots bezahlen müssen (vgl. LANCOM Systems GmbH, 2016, pp. 1055-1063).

Technisch funktioniert dies so, dass ein WLAN-Client der sich mit dem WLAN verbindet und eine Webseite aufrufen möchte und dazu eine DNS-Anfrage stellt. Diese DNS-Anfrage muss an den Hotspot geschickt werden, der auch das Internet-Gateway für das Netz sein muss. Der Hotspot löst die DNS-Anfrage auf, schickt diese also zu seinem

DNS-Server, aber er beantwortet die Anfrage des Clients, wenn dieser nicht authentifiziert ist, Hotspot-Anmeldeseite. Auf dieser kann sich der Benutzer mit seinem Benutzernamen und Passwort anmelden. Nach der Anmeldung kann der Benutzer dann auf die zuvor aufgerufene Webseite weitergeleitet werden.

Viele Smartphones arbeiten so, dass diese beim Betreten eines WLANs eine gezielte DNS-Anfrage zu einer Webseite des Herstellers durchführen. Erhält das Smartphone nicht die gewünschte HTML-Seite, geht es davon aus, dass es in einem Hotspot ist und präsentiert dem Benutzer, bevor dieser einen Webbrowser öffnet, die Hotspot-Anmeldeseite.

Abbildung 9 - von iOS beim betreten des WLANs geöffneter Weblink

Zu sehen ist dies in der folgenden Abbildung. Ein Client meldet sich beim Hotspot beziehungsweise, er möchte wissen, welche IP hinter dem DNS Namen captive.apple.com steckt. Der Hotspot löst die Anfrage für den Client auf und präsentiert diesem, aber nicht die gewünschte Webseite, sondern die Hotspot-Oberfläche. Auf diese loggt sich der Benutzer ein und wie im Routing-Eintrag zu sehen, erfolgt sein erster Zugriff auf die für captive.apple.com aufgelöste IP.

```
[DNS] 2016/08/06 18:06:25.165 Devicetime: 2016/08/06 18:06:27,854
DNS Rx (LAN-1, GAST-NETZWERK): Src-IP 192.168.100.207, RtgTag 0
Query Request: STD A for captive.apple.com
DnsGetDest: Match found: forwarding captive.apple.com to 8.8.8.8
Not found in local DNS database => forward to next server

[DNS] 2016/08/06 18:06:25,166 Devicetime: 2016/08/06 18:06:27,854 [info] :
create new source map entry for 192.168.100.207
using DNS server 8.8.8.8

[DNS] 2016/08/06 18:06:25,166 Devicetime: 2016/08/06 18:06:27,898
DNS Rx (1U1-INET): Src-IP 8.8.8.8, RtgTag 0
Query Response:
STD CNAME captive.apple.com resolved to captive.apple.com.edgekey.net (TTL = 20967)
STD CNAME captive.apple.com.edgekey.net resolved to e7279.dsce9.akamaiedge.net (TTL = 67)
STD A e7279.dsce9.akamaiedge.net ip resolved to 23.66.234.11 (TTL = 19)
forward to host 192.168.100.207

[LANAUTH] 2016/08/06 18:06:25,591 Devicetime: 2016/08/06 18:06:28,280
Authen page request: URL=''
-->Welcome page

[LANAUTH] 2016/08/06 18:07:08,376 Devicetime: 2016/08/06 18:07:11,060
Login Request from station 48:e9:f1:8a:83:f8 Username joel
  recording IP address 192.168.100.207
  forwarding RADIUS request to provider INTERN_RADIUS

[LANAUTH] 2016/08/06 18:07:08,376 Devicetime: 2016/08/06 18:07:11,062
Started session for user 'joel' (IP address is 192.168.100.207, MAC address is 48-e9-f1-8a-83-f8)

[LANAUTH] 2016/08/06 18:07:08,377 Devicetime: 2016/08/06 18:07:11,062
Added user account 'joel' in Auto Re-Login table (IP address is 192.168.100.207, MAC address is 48-e9-f1-8a-83-f8)

[LANAUTH] 2016/08/06 18:07:08,377 Devicetime: 2016/08/06 18:07:11,059
Authen page request: URL='login/'
-->Login (done) page
-->Login success page

[IP-Router] 2016/08/06 18:07:08,485 Devicetime: 2016/08/06 18:07:11,176
IP-Router Rx (LAN-1, GAST-NETZWERK, RtgTag: 0):
DstIP: 23.66.234.11, SrcIP: 192.168.100.207, Len: 40, DSCP: CS0/BE (0x00), ECT: 0, CE: 0
Prot.: TCP (6), DstPort: 80, SrcPort: 64244, Flags: A
Seq: 1036069768, Ack: 2267471703, Win: 8184, Len: 0
Route: WAN Tx (1U1-INET)
```

Abbildung 10 - Tracelog einer Hotspot Einwahl bei einem WLC mit aktivierter Hotspot Option (Public Spot Option)

5. Technische Hintergründe

5.1. Funktionsweise einer WLAN-Übertragung

Im WLAN können zwei Frequenzbänder genutzt werden. Zum einen das 2,4 und zum anderen das 5 GHz-Frequenzband. Allgemein gilt ersteres als oft überlastet, da viele Endgeräte dieses nutzen. Jegliche Bluetooth Sticks, Alarmanlagen und sogar Mikrowellen arbeiten mit dem 2,4GHz Frequenzband. Auch unterstützen viele Clients nur das 2,4GHz Band, was dieses zusätzlich belastet und zu Performanceverlusten führt. Gerade wenn viele Clients und Access Points auf knappem Raum zusammenkommen, kann es deshalb zu massiven Störungen kommen. Dieses Verhalten ist beispielsweise in Wohnungen innerhalb der Stadt feststellbar. Weitere Erläuterungen zu den Frequenzbändern gibt es im Kapitel 5.2.

Um besser nachvollziehen zu können warum es zu diesen Störungen kommen kann, hilft es, die grobe Funktionsweise von WLAN genauer zu betrachten.

Die Hauptursache für die beschriebene Problematik ist, dass im WLAN alle WLAN-Geräte (Stationen / Clients) auf das gleiche Trägermedium zugreifen und dadurch immer nur ein Gerät seine Daten verschicken kann, indem es das Medium belegt. Dies bedeutet im Umkehrschluss, dass, so lange ein Client sendet, kein weiterer Client seine Daten verschicken kann. Vergleichbar ist dies mit der Topologie eines Bussystems (vgl. Rech, 2012, pp. 165-168).

Das bedeutet, dass der Client überprüfen muss, ob das Medium gerade belegt ist, bevor er dieses mit seiner Datenübertragung belegt. Ist das Medium bereits belegt oder wurde durch das Senden von Daten mehrerer Stationen eine Kollision ausgelöst, wird ein zufälliger Wert abgewartet und dann die Übertragung erneut versucht. Dieses Verfahren ist aus dem Ethernet unter dem Namen CSMA/CA (Carrier Sense Multiple Access / Collision Detection) bekannt (vgl. Rech, 2012, pp. 167-169).

Im WLAN-Bereich wird das Verfahren in leicht abgewandelter Form angewandt. Die VCSMA/CA (V steht für Virtuell) basiert darauf, dass es zusätzlich sogenannte NAV-Werte (Network Allocation Vector) gibt. Über diesen Wert kann ein Sender mitteilen, wie lange er das Medium voraussichtlich belegen wird. Nach Ablauf des NAV-Wertes wird ein Sender erneut versuchen, seine Daten zu übertragen, beziehungsweise erneut prüfen, ob das Medium gerade auch wirklich frei ist. Diese NAV-Werte werden von allen WLAN-Geräten verwaltet und dienen als Timeslots, die den Geräten mitteilen, wann sie Ihre Daten übertragen können (vgl. Rech, 2012, pp. 170-171).

Dieses Verfahren kann im WLAN nur deshalb funktionieren, weil die Daten nicht gezielt an eine Station gesendet werden können, wie es beispielsweise bei Ethernet der Fall ist. Das WLAN kann auch als ungerichtetes Medium bezeichnet werden, während es sich bei einem Ethernet-Kabel um ein gerichtetes Medium handelt. Das Signal wird ausgestrahlt und das abhängig von der verwendeten Antenne, beispielsweise 360° um die Antenne herum. Damit erhalten benachbarte Stationen eine Information darüber, wer gerade Frames versendet und können ihre eigenen NAV-Werte entsprechend aktualisieren (vgl. Rech, 2012, pp. 168-170).

Dies vermeidet zwar Kollisionen auf dem Trägermedium, aber verhindert diese nicht endgültig. Da Pakete jedoch nur als empfangen gelten, wenn der Empfänger dem Sender den Empfang bestätigt, wird dadurch auch auf Kollisionen und Paketverluste reagiert. Wurde ein Frame nicht bestätigt, sendet der Sender dieses bei nächster Gelegenheit neu. Der Empfänger hält die möglicherweise bereits empfangenen Frames vor und setzt diese anschließend zusammen (vgl. Rech, 2012, pp. 168-170).

Offen bleibt dabei aber das Problem, dass es Stationen geben kann, die zwar den Access Point erreichen, aber nicht von anderen Clients gesehen werden, weil Sie nicht in Reichweite dieser sind. Da die entfernte Station die Timeslots der anderen nicht kennt, kann es passieren, dass dieses sendet, wenn bereits ein anderes Gerät sendet. Dies führt dann zu Störungen im WLAN. Dies wird auch das „Hidden-Station"-Problem genannt (vgl. Rech, 2012, p. 175).

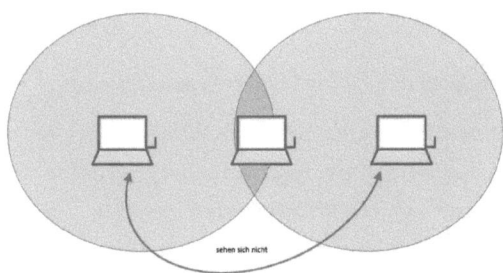

Abbildung 11 - Hiddenstation Problem

Aus diesem Grund gibt es einen „Ready To Send / Clear To Send" (RTS/CTS) Mechanismus. Der Sender schickt dabei eine RTS-Anfrage (RTS-Frame) an den Empfänger, also den Access Point. Die Anfrage beinhaltet dabei eine Angabe, wie lange der Sender gedenkt das Medium zu belegen. Der Access Point schickt daraufhin eine CTS-Rückmeldung (CTS-Frame), welche ebenfalls die Dauer der Übertragung mit angibt. Das CTS-Frame bekommen alle Clients mit, auch jene, die nicht die anderen Clients im Netz sehen und können dadurch Ihre NAV-Werte entsprechend aktualisieren (vgl. Rech, 2012, pp. 175-177).

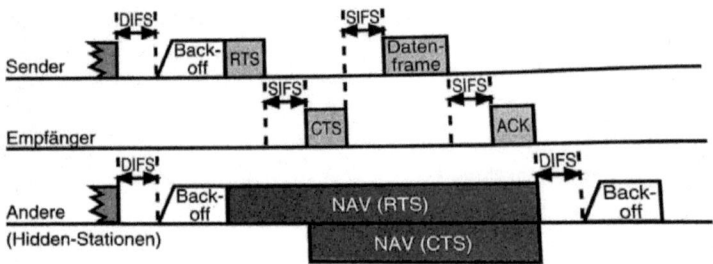

Abbildung 12 - Zeitlicher Verlauf der Datenübertragung mit RTS/CTS-Mechanismus (Rech, 2012, p. 176)

5.2. Vergleich des 2,4- und 5GHz Frequenzbandes

Es gibt zwei Frequenzbänder die im WLAN-Bereich genutzt werden können, das 2,4- und das 5GHz-Band. Am weitesten verbreitet ist dabei der 2,4GHz Standard. Dies ist jedoch nicht nur bei WLAN-Geräten der Fall, sondern auch bei vielen anderen Funkgeräten und auch nicht Funkgeräten. So arbeiten beispielsweise nicht nur Bluetooth-Geräte mit dem 2,4GHz Band, sondern auch Mikrowellen nutzen dieses um Nahrungsmittel zu erhitzen (vgl. Rech, 2012, pp. 487-488).

Ein weiterer Vorteil des 2,4GHz Bandes gegenüber des 5GHz Bandes ist die geringe Beeinflussung durch Objekte, die das Signal dämpfen, wie beispielsweise Wände. Dadurch ist die Reichweite im Indoor Bereich größer (vgl. Rech, 2012, pp. 153-154).

Im Outdoor-Bereich dagegen ist die Reichweite mit dem 5GHz-Frequenzband durch die höhere Frequenz und die damit reduzierte Wellenlänge deutlich größer. Aus diesem Grund, wird bei den meisten WLAN-Punkt-zu-Punkt-Strecken das 5GHz Band bevorzugt. Ein weiterer Vorteil gegenüber dem 2,4GHz-Band ist, dass die Anzahl der Störquellen in den meisten Szenarien geringer ist und durch die Spezifikation 802.11ac mittlerweile auch höhere Datenraten im 5Ghz-Band erreicht werden (vgl. Lange, 2013).

Dabei besteht bei den Datenraten, von 2x2 Mimo (Multiple Input Multiple Output) ausgehend, ein Unterschied zwischen 300 Mbit/s im 802.11n und 800 Mbit/s im 802.11ac Standard. Bei 3x3 Mimo ändert sich dies von 450 Mbit/s im 802.11n und 1300 Mbit/s im 802.11ac Standard (vgl. Schnabel, 2012).

Aufgrund der gesetzlichen Vorgaben zur Radarerkennung ist es nur im Unterband 1 des 5GHz-Bandes möglich, die Kanäle fest einzustellen. In Unterband 2 und 3 ist dies gesetzlich nicht erlaubt. Das 3. Unterband ist zudem nur für Provider gedacht und darf nur nach Genehmigung der jeweils zuständigen Behörde genutzt werden. Die Radarerkennung führt dazu, dass insbesondere in der Nähe von Flughäfen, Militärbasen, Hafen, aber auch Wetterstationen enorme Störungen auftreten können. Während im Indoor-Bereich selten Radarerkennungen erfolgen, kann diese bei Punkt zu Punkt Strecken sogar zu Totalausfällen führen. Der Grund hier ist, dass der Access Point den jeweiligen Kanal für eine bestimmte Zeit sperren muss, bevor er erneut versucht diesen zu nutzen (vgl. Rech, 2012, pp. 143-147).

5.3. Beacons und Passives Scanning

Wenn ein Benutzer sich mit seinem WLAN-Client in ein WLAN einwählen möchte, beispielsweise in einen Hotel-Hotspot, wird er zuerst nach diesem WLAN suchen. Damit der WLAN-Client nun die WLANs sieht, sind die sogenannten „Beacon-Frames" notwendig. Diese werden vom WLAN-Client empfangen. Anhand der Beacons kann der WLAN-Client die SSIDs identifizieren. So wird beispielsweise der SSID-Name, Kanalnummer und das verwendete Verschlüsselungsverfahren mitgeteilt. Diese Beacon-Frames werden alle 102,4 ms ausgesendet, sofern das Übertragungsmedium frei ist (vgl. Rech, 2012, p. 572).

Der 802.11-Standard sieht vor, dass ein WLAN-Client, der passiv die Kanäle nach entsprechenden Beacon-Frames abhört, auf jedem Kanal mindestens 200ms verbleiben muss. Dies wird auch als MinChannelTime bezeichnet (vgl. Rech, 2012, p. 217).

5.4. Probe Request und Response – Aktives Scanning

WLAN-Clients haben aber auch die Möglichkeit, gezielt nach SSIDs zu „fragen". Dies wird auch „Aktives Scanning" genannt. Hierzu sendet ein WLAN-Client einen sogenannten Probe Request auf allen Kanälen aus, auf welches die Access Points mit einem sogenannten Probe Response antworten und damit die ausgestrahlten SSIDs bekannt geben.

In diesem Probe Request des WLAN-Clients steht der Name der gesuchten SSID beziehungsweise „ANY", wenn es sich um einen SSID-Broadcast handelt. Bei letzterem wird nicht nach einer bestimmten SSID gesucht, sondern alle Access Points sollen sich mit ihren SSIDs melden. Probe Requests werden jeweils immer nur für einen Kanal versandt. Nach jedem versendeten Request wartet der WLAN-Client die MinChannelTime von 200 ms ab, bevor er den Kanal wechselt und es auf dem nächsten erneut versucht (vgl. Rech, 2012, pp. 216-218).

5.5. Einwahl in ein WLAN

Wählt sich ein WLAN-Client in eine SSID, wird in den meisten Fällen ein Schlüssel benötigt, der im allgemeingebrauch oft WLAN-Key genannt wird. Dieser Schlüssel wird Preshared-Key genannt und muss allen Anwendern bekannt sein, die sich mit ihren WLAN-Clients mit der jeweiligen SSID verbinden wollen. Eine Alternative ist 802.1x, bei dem zwar auch ein PSK verwendet werden kann, aber der eigentliche Abgleich anhand von Identitäten läuft. Weiteres dazu im Kapitel 5.7.

In der folgenden Beschreibung wird die Einwahl in eine SSID beschrieben, welche WPA2-Personal verwendet.

Möchte sich ein WLAN-Client nun beim Access Point authentifizieren, sendet dieser dem Access Point eine Authentifizierungsanfrage, auch Authentication-Frame genannt. In dieser Anfrage ist unter anderem der WLAN-Schlüssel enthalten. Über das Challenge Response Verfahren prüft der Access Point nun den PSK und teilt dem WLAN-Client am Ende mit, ob dessen PSK richtig ist (vgl. Rech, 2012, pp. 228-231).

Nach erfolgreicher Authentifizierung findet die Assoziierung statt. Dabei gibt der WLAN-Client dem Access Point Übertragungsparameter bekannt. Stimmen diese mit den Einstellungen des Access Points überein, erhält der Client eine positive Rückmeldung, deren Erhalt er dem Access Point bestätigt (vgl. Rech, 2012, pp. 231-232).

Nach der Authentifizierung eines WLAN-Clients wird die Sitzung selber verschlüsselt. Dazu wird ein sogenannter Sitzungsschlüssel generiert. Dieser wird mithilfe einer Pseudozufallsfunktion PRF (Pseudo Random Function) berechnet, welche für die Berechnung den PMK (Pairwise Master Key), MAC-Adresse des Access Points sowie zwei Zufallszahlen, wovon eine vom Access Point (ANonce) und eine vom WLAN-Client (SNonce) berechnet wird, benötigt. Beim PMK handelt es sich dabei um den PSK, der für die Einwahl in die SSID benötigt wird. Die zu übertragenden Pakete, werden im Anschluss mit dem Sitzungsschlüssel verschlüsselt (vgl. Rech, 2012, p. 506).

5.6. WLAN-Verschlüsselung - Die Entstehung von WPA

Bei jeder WLAN Einrichtung, ist bei der Angabe des WLAN-Kennworts der Begriff WPA2 oder WEP präsent. Vielen Anwendern ist dabei bewusst, dass WEP als unsicher gilt und WPA2 eingestellt werden sollte. Wie es zur Verabschiedung des WPA2-Standards kam und insbesondere, warum WPA, ohne 2, ausgewählt werden kann ist aber unklar.

Das 1999 von der IEEE entwickelte Verschlüsselungsverfahren WEP (Wired Equivalent Privacy) zeigte während der steigenden Verbreitung in den Jahren nach dessen Veröffentlichung einige Schwachstellen auf. Dies hat die Branche dazu bewogen, nach einem neuen Verfahren zu suchen. Da die Arbeitsgruppe des IEEE-Komitees trotz des damalig hohen Drucks nicht zu einer schnellen Verabschiedung eines neuen Standards kam, wurde von einer Gruppe von Unternehmen aus der Netzwerkbranche die Wifi-Aliance gegründet. Das Ergebnis war die Veröffentlichung des Wifi-Protected Access Standards im Oktober 2003, abgekürzt WPA. WPA sah dabei zwei mögliche Authentifizierungsverfahren vor. WPA-Personal, welches die Authentifizierung mittels eines Preshared Keys beinhaltete und WPA-Enterprise, bei dem ein Anmeldeserver notwendig ist (vgl. Rech, 2012, pp. 489-491; Arnold, 2006). Genaueres zu WPA-Enterprise findet sich im Kapitel 5.7.

Ein Jahr später, im Juni 2004, verabschiedete dann das IEEE-Komitee endgültig die 802.1i Erweiterung. Noch im September des gleichen Jahres, wurde darauf von der Wifi-Aliance, basierend auf den Ergebnissen des IEEE-Komitees WPA2 veröffentlicht, welches mit wenigen Unterschieden 802.1i entsprach. Wie auch schon bei WPA, wurde zwischen WPA2-Personal und WPA2-Enterprise unterschieden. Im Gegensatz zu WPA wurde bei WPA2 nicht mehr auf TKIP sondern auf AES als Verschlüsselungsverfahren gesetzt (vgl. Rech, 2012, p. 489).

Ebenfalls wird der Datenverkehr nicht mehr, wie bei WEP, mit dem den Benutzern bekannten PSK verschlüsselt, sondern aus diesem wird ein Sitzungsschlüssel abgeleitet, mit dem der Datenverkehr verschlüsselt wird (vgl. Rech, 2012, p. 513).

5.7. 802.1x – WPA(2) Enterprise

Eine Alternative zur Nutzung von WPA2-Personal stellt 802.1x dar, welches auch WPA2-Enerprise genannt wird. Hierbei wählt sich der Benutzer des WLAN-Clients nicht nur über die PSK-Angabe ein, sondern muss sich gegenüber einem RADIUS-Servers mit seinen individuellen Daten identifizieren. Die Verwendung eines PSKs, ist dabei optional. Die Authentifizierung eines Benutzers kann mittels Zertifikate realisiert werden. Verfahren hierfür sind beispielsweise EAP-TLS und EAP-TTLS (vgl. Rech, 2012, pp. 499-503).

Der Client, auch Supplicant genannt, bittet beim Access Point um Zugriff auf das Netzwerk. Der Access Point reicht als Authenticator die Anfrage an den RADIUS-Server weiter, welcher als Authentifizierungsserver dient. Dieser prüft die Anfrage und gibt dem Authenticator die Rückmeldung, ob der Supplicant in das WLAN reingelassen werden darf oder nicht (vgl. Rech, 2012, p. 491).

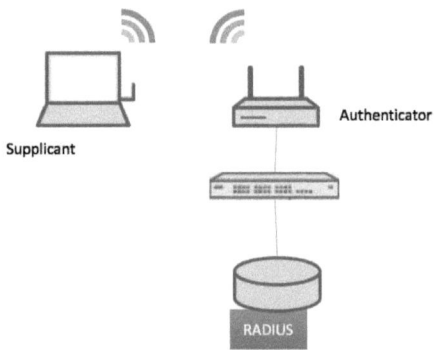

Abbildung 13 - 802.1x mit RADIUS-Server

Zusätzlich wurden beim RADIUS-Server die Access Points als Clients eingetragen. Dadurch weiß der RADIUS-Server, welche Access Points berechtigt sind RADIUS-Anfragen zu stellen (vgl. LANCOM Systems GmbH, 2012).

Alternativ können die Access Points alle Anfragen auch an einen Server schicken, welcher diese an den eigentlichen RADIUS-Server weiterleitet (vgl. Rech, 2012, p. 492).

Ein weiterer Vorteil dieser Methode ist, dass es möglich ist, mit nur einer SSID zu bestimmen, in welches Netzwerk ein Client eingebucht wird, wenn er sich im WLAN anmeldet.

Nehmen wir als Beispiel aus der Praxis ein Szenario mit zwei Netzen. Netz A mit VLAN 10 ist für alle Mitarbeiter und Netz B mit VLAN 20 ist ein spezielles Netz für externe Mitarbeiter. Beide Netze sind der Infrastruktur unterschiedlichen VLANs zugeordnet. Es wird nur eine SSID mit einer 802.1x Verschlüsselung und EAP-TLS ausgestrahlt. Bei der Anmeldung eines externen Mitarbeiters schickt der Access Point die Anfrage an den RADIUS, welcher beispielsweise der WLAN-Controller sein kann. Dieser erkennt nun, dass dieser Benutzer einem VLAN zuzuordnen ist und gibt diese Information, von korrekten Zugangsdaten ausgehend, an den Access Point weiter. Dieser lässt nun den Client sich erfolgreich in die SSID einbuchen. Nachdem der Client nun eingebucht wurde, gehen alle ihm zugehörigen Pakete mit dem VLAN Tag 20 über den ETH-Port des Access Points raus. Damit befindet sich der Client nun in diesem Netzwerk (vgl. LANCOM Systems GmbH, 2012).

Zusätzlich zur 802.1x Authentifizierung, ist es weiterhin möglich, einen PSK zu verwenden (vgl. Arnold, 2006).

5.8. Roaming

Funktionsweise des Roamingvorgangs

Ein wichtiger Punkt in jeder WLAN-Infrastruktur ab zwei Access Points ist das Thema Roaming. Hierbei geht es um den Wechsel eines WLAN-Clients von einem Access Point zum nächsten. Dieser Vorgang soll möglichst schnell vonstattengehen, damit beispielsweise Telefongespräche über ein WLAN-Telefon nicht abbrechen.

Speziell für den Fall eines VoIP-Telefonats sieht der 802.1i Standard eine maximale Verzögerung von 200ms vor. Darüber hinaus kann es zu Störungen des Gespräches kommen, beispielsweise durch eine schlechtere Sprachqualität (vgl. Rech, 2012, p. 515).

Aber auch viele Maschinen in Fertigungswerken oder Handscanner in Lagerhallen, die sich per WLAN mit dem Netzwerk verbinden und Sessions aufbauen, sollten nach Möglichkeit nicht die Verbindung zum Netz verlieren, oder sich nicht so lange an einen

Access Points „klammern", dass der Empfang so schwach wird, dass eine Datenübertragung nicht mehr möglich ist.

Während ein WLAN-Client mit einem WLAN verbunden ist, „hört" dieser weiterhin auf Beacons anderer Access Points. Beispielsweise anhand der Signalstärke und Datenrate anderer Access Points kann der Client entscheiden, ob er das WLAN beziehungsweise den Access Point wechselt. Dies gilt insbesondere dann, wenn Beacons der gleichen SSID von unterschiedlichen Access Points empfangen werden. Anhand von Kriterien entscheidet der Client, ob er beim Access Point bleibt oder wechselt, um eine bessere WLAN-Verbindung zu erhalten (vgl. Rech, 2012, pp. 48-49).

Roaming Probleme

Ein großes Problem für die Hersteller von Netzwerkprodukten ist der WLAN-Client an sich. Der Hintergrund ist, dass der 802.11 Standard keine genauen Vorgaben enthält, wie das Roaming-Verhalten eines WLAN-Clients im Detail auszusehen hat. So sind die Schwellwerte, ab denen ein WLAN-Client den Access Point wechselt, von WLAN-Karte zu WLAN-Karte beziehungsweise von Hersteller zu Hersteller sehr unterschiedlich. Auch welche Schwellwerte zu beachten sind, beispielsweise Datenrate und oder Signalstärke, sind nicht vorgegeben. So kann es passieren, dass die eine WLAN-Karte schnellstmöglich zum nächsten Access Point wechselt, während die nächste sich bis zum „letzten Balken" an einen Access Point hängt, indem die Datenrate soweit runtergefahren wird, dass schlimmstenfalls kaum noch eine WLAN-Kommunikation möglich ist (vgl. Rech, 2012, pp. 49-51).

Bei wenigen Geräten besteht die Möglichkeit, den Roaming-Vorgang zu beeinflussen. So gibt es beispielsweise beim Handscanner Omnii XT 15 der Firma Zebra die Möglichkeit WLAN-Schwellwerte zu definieren (vgl. Zebra Technologies, 2015, pp. 4-40 - 4-42).

Auch bei Access Points des Hersteller LANCOM-Systems gibt es die Möglichkeit, Schwellwerte für das Roaming-Verhalten zu definieren. Diese greifen dann, wenn sich der Access Point als WLAN-Client bei einer anderen SSID einbucht. In der folgenden Abbildung 14, sind solche Schwellwerteinsellungen bei einem Access Point der Firma LANCOM-Systems zu sehen.

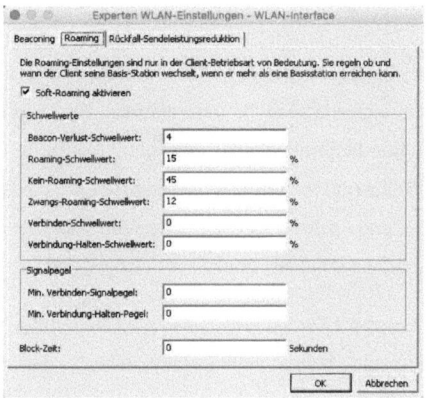

Abbildung 14 - Roamingeinstellungen eines WLAN Access Points der Firma LANCOM-Systems

5.9. Inter Access Point Protocol

Das Inter Access Point Protocol (IAPP) wurde mit der 802.11f Erweiterung definiert und dient dazu, den Roaming-Vorgang zu verbessern. Dies wird damit erreicht, dass die Access Points sich untereinander austauschen, wenn ein WLAN-Client den Access Point wechselt. Der neue Access Point teilt dem bisherigen mit, dass sich der WLAN-Client nun bei ihm befindet. Sollten nun beim vorherigen Access Point noch Frames zwischengespeichert sein, werden diese an den neuen Access Point geschickt. Damit dies funktioniert, muss der Client dem neuen Access Point mitteilen, mit welchem er vorher verbunden war. Dies geschieht über die Angabe der WLAN-MAC-Adresse des zuvor verbundenen Access Points, welche auch BSSID (Basic Service Set Indentification) genannt wird (vgl. Rech, 2012, p. 51).

6. Fazit

WLAN ist eine Technologie, welche heutzutage allgegenwärtig ist. Dies gilt sowohl für den Heimbereich wie auch für Unternehmen. Eine weitere Auseinandersetzung ist in den meisten Fällen nicht notwendig, und die Abläufe für den normalen Nutzer sind kaum greifbar. Weiterentwicklungen wie der 802.11ac Standard führen dazu, dass WLAN dem kabelgebundenen Anschluss ebenbürtig wird und weit mehr Flexibilität bei der Nutzung und Portabilität der Clients bietet.

Die im Rahmen der Seminararbeit erfolgte Darstellung, wie eine WLAN-Kommunikation funktioniert, sollte helfen, viele Zusammenhänge dieser Technologie zu verstehen.

7. Literaturverzeichnis

Arnold, D. A., 2006. *Heise Netze*. [Online]
Available at: http://www.heise.de/netze/artikel/WLAN-Verschluesselung-221639.html
[Zugriff am 20 07 2016].

LANCOM Systems GmbH, 2012. *www.lancom-systems.de*. [Online]
Available at: http://lancom.de/fileadmin/pdfs/techpapers/TP-Smart-WLC-DE.pdf
[Zugriff am 5 08 2016].

LANCOM Systems GmbH, 2016. *LANCOM Systems*. [Online]
Available at: https://www.lancom-systems.de/produkte/software-optionen/lancom-wlc-basic-option-for-routers/
[Zugriff am 06 08 2016].

LANCOM Systems GmbH, 2016. *www.lancom-systems.de*. [Online]
Available at: https://www.lancom-systems.de/downloads/dokumentation/
[Zugriff am 30 07 2016].

Lange, N., 2013. *Skynet*. [Online]
Available at: http://www.wlan-skynet.de/docs/richtfunk/wlan-vergleich.shtml
[Zugriff am 01 08 2016].

Rech, J., 2012. *802.11-WLAN-Technologie und praktische Umsetzung im Detail*. 4. Auflage Hrsg. Hannover: Heise Zeitschriften Verlag GmbH & Co. KG.

Schnabel, P., 2012. *Elektronik Kompendium / Netzwerktechnik - Fibel*. [Online]
Available at: http://www.elektronik-kompendium.de/sites/net/0610051.htm

Zebra Technologies, 2015. *www.atgsupportcentral.motorolasolutions.com*. [Online]
Available at:
https://atgsupportcentral.motorolasolutions.com/content/emb/docs/manuals/8000225-001.pdf
[Zugriff am 05 08 2016].